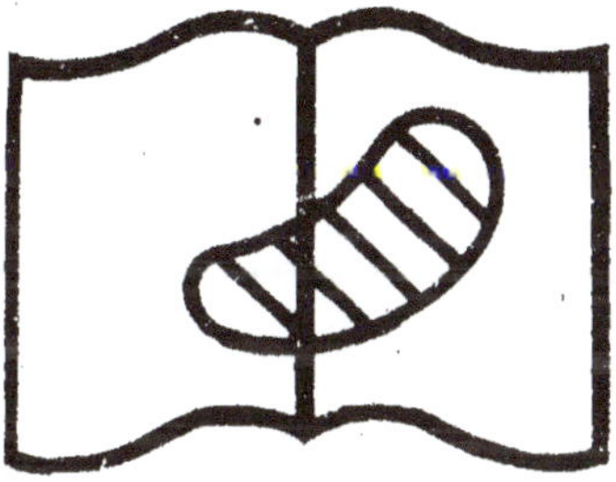

Couvertures supérieure et inférieure manquantes

Extrait de la Revue Numismatique. — *4e trimestre 1889.*

DEUX TIERS DE SOU

DU ROI GONTRAN

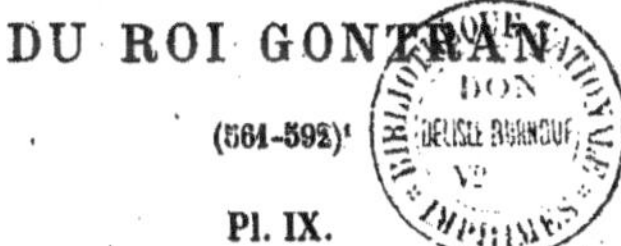

(561-592)[1]

Pl. IX.

La seule monnaie au nom du roi Gontran, signalée jusqu'ici, est un tiers de sou d'or, aujourd'hui perdu, publié par Claude Bouteroue d'après un exemplaire de son médaillier[2]. En voici la description :

GVNTHACHRAM R (*Gunthachram(nus) r(ex)*. Buste diadémé, de profil à droite.

℟. SENONI CIVITA. Victoire, tournée à droite, tenant une croix.

[1] Nous adoptons ici les dates données par M. B. Krusch dans son mémoire sur la chronologie des rois mérovingiens inséré dans *Forschungen zur deutschen Geschichte*, t. XXII (1882), p. 449; M. J. Havet a donné une liste des conclusions de M. Krusch dans la *Bibliothèque de l'École des Chartes*, t. XLVI (1885), p. 433.

[2] Bouteroue, *Recherches curieuses des monoyes de France* (Paris, 1666, in-fol.), p. 255 (vignette). — Cette pièce a été reproduite, d'après Bouteroue, par Le Blanc, *Traité histor. des monnoies de France*, éd. 1690, p. 44; Lelewel, *Numismat. du Moyen Age* (1835), atlas, pl. III, n° 3; Conbrouse, *Catalogue raisonné des monnaies nationales de France* (1839), atlas, pl. 13, n° 3; Duru, *Bibliothèque histor. de l'Yonne* (1850), t. I, p. 168.

Bouteroue avait cru voir au revers de ce *triens* sénonais une Victoire dans un char; mais, autant qu'on peut en juger par la médiocre vignette des *Recherches curieuses*, ce prétendu char n'est autre chose que les plis inférieurs du vêtement de la Victoire.

M. Engel, toujours préoccupé de faire tourner au profit de la science ses nombreux voyages, a remarqué au Cabinet des médailles de Madrid diverses monnaies mérovingiennes dont il a rapporté les empreintes; il a été assez aimable pour me les communiquer et me permettre de les publier.

Parmi ces pièces, deux tiers de sou sont très remarquables; ils présentent l'un et l'autre le nom de Gontran gravé autour de la tête, mais avec deux orthographes différentes :

GVNTHACHARAMNV (*Gunthacharamnus*)[1] (une boucle formée par les lemnisques détachés du diadème précède la légende). Buste diadémé, de profil à droite. Devant le buste, C

℞. +:VICTORIA RIGINOGINO * Victoire debout, de face, tenant de la main droite une couronne en forme de boucle, et de la gauche une croix. — Pl. IX, n° 1.

GVИTHRAИИ///// (*Gunthramnus*). Buste diadémé, de profil à droite.

℞. REGIIA VI CAVILII+ Croix potencée sur des degrés[2]. — Pl. IX, n° 2.

Avant de rechercher quel est le personnage dont

[1] La fin de la légende n'est pas nettement venue sur notre planche phototypique; la lecture en est toutefois certaine.

[2] La seconde lettre de la légende n'est pas certaine ; ce pourrait être un I, ce qui ne contredirait pas à l'interprétation que nous donnons plus loin.

le nom est écrit sur les deux monnaies précédentes, il importe de déterminer le lieu ou, tout au moins, la région où elles ont été frappées.

La Victoire gravée au revers de la première est du même dessin que la Victoire de trois monnaies de l'église de Chalon-sur-Saône[1] et de deux monnaies de Lausanne[2]. Il est vrai que la Victoire de notre tiers de sou porte la couronne de la main droite et la croix de la gauche, tandis que sur quatre des monnaies citées, c'est le contraire. Mais ce n'est pas là une différence essentielle, puisqu'il suffit, pour qu'elle se produise, que l'artiste oublie de graver le coin à l'envers; et c'est ce qui est arrivé sur la monnaie chalonnaise où, comme sur la nôtre, la Victoire tient la couronne dans la main droite; car, cette monnaie[3] est visiblement imitée d'une autre[4] où la Victoire tient la couronne dans sa main gauche et la croix dans la droite. Un autre caractère commun à notre tiers de sou et aux cinq autres mentionnés plus haut, c'est la forme des cheveux, figurés par une série de lignes parallèles perpendiculaires au diadème, comme des « dents de peigne[5] ». Enfin, sur le tiers de sou de *Gunthacharamnus*, les lemnisques sont détachés du diadème de la même façon que sur les

[1] P. d'Amécourt, *Description raisonnée des monnaies mérov. de Chalon-sur-Saône*, nos 1, 2 et 3, p. 10 et pl. I.

[2] L'une a été publiée par M. d'Amécourt, *Excursion numismat. dans la Bourgogne*, dans *Annuaire de la Soc. de Numismat.*, t. I, p. 136 et pl. VIII, n° 55; quant à l'autre, je l'ai donnée dans *Revue Numismat.*, 3e série, t. VI (1888), p. 73 et pl. V, n° 10.

[3] P. d'Amécourt, n° 2.

[4] P. d'Amécourt, n° 1.

[5] P. d'Amécourt, *Notes sur les monnaies au type de la boucle perdue*, dans *Annuaire de la Soc. de Numismat.*, t. V, p. 38.

trois pièces de Chalon[1] et sur l'une des pièces de Lausanne[2]. J'ajouterai enfin que la monnaie étudiée ici rappelle dans son ensemble deux tiers de sou lyonnais décrits par M. d'Amécourt[3] et qui eux aussi présentent au droit « la boucle perdue », et au revers, le type de la Victoire.

Le buste figuré sur le second tiers de sou, celui qui a pour légende *Gunthramn(us)*, est analogue au buste d'une des monnaies de Lausanne déjà citées[4]. Il rappelle aussi le buste de quelques espèces chalonnaises[5]. Je crois d'ailleurs que le mot CAVIL. inséré dans la légende du revers indique l'atelier de Chalon.

Ainsi je tiens pour certain que les deux tiers de sou dessinés plus haut ont une origine bourguignonne.

Quel est ce *Gontran* au nom duquel ils ont été frappés ?

Les seuls personnages de l'époque mérovingienne appelés Gontran, dont l'histoire ait gardé le souvenir, sont Gontran, évêque de Tours[6], le duc Gontran Boson, et Gontran, roi de Bourgogne. Nous écartons le premier, puisque nos tiers de sou sont bourgui-

[1] C'est ce que M. d'Amécourt appelle la *boucle perdue*. Voyez la note précédente.

[2] *Annuaire de la Soc. de Numismat.*, t. I, pl. VIII, n° 55.

[3] *Excursion numismatique dans la Bourgogne*, dans *Annuaire de la Soc. de Numismat.*, t. I, p. 116, pl. VI, n°s 12 et 13.

[4] *Revue numismatique*, 3e série, t. VI (1888), pl. V, n° 10.

[5] P. d'Amécourt, *Monnaies mérov. de Chalon-sur-Saône*, pl. I, n°s 6 et 7.

[6] Le manuscrit lat. 10848 de la Bibliothèque Nationale renferme, avec quelques œuvres de Grégoire de Tours, un catalogue des évêques de Tours qui s'arrête à *Landramnus* (IXe s.); le huitième

gnons et non point tourangeaux. On ne s'arrêtera pas davantage à Gontran Boson ; rien dans l'histoire de ce duc austrasien, général des armées de Sigebert Ier, ne permet de croire qu'il ait pu mettre son nom sur des monnaies frappées en Bourgogne, et s'il a résidé quelque temps dans ce royaume, ç'a été soit comme révolté, soit comme fugitif ; dans le premier cas, ses entreprises échouèrent sans que le temps lui eût été laissé d'exercer aucun pouvoir ; dans le second, il ne sut pas échapper à Gontran et à Childebert II.

Reste donc Gontran, roi de Bourgogne de 561 à 592. Que les deux tiers de sou bourguignons, dont l'un porte *Gunthacharamnus* et l'autre *Gunthramnus*, doivent lui être attribués, encore que ni l'un ni l'autre ne présentent de qualificatifs à la suite du nom propre, cela est très probable ; pour nous, cela est certain. D'abord, on connaît déjà une monnaie de ce roi, celle qu'a publiée Bouteroue, et où le mot *Gunthachramnus* est suivi d'un R, abréviation connue de *rex*.

De plus, la première partie de la légende inscrite au revers du second de nos *triens* peut être traduite *Regiia vic(toria)*. Il est vrai que ce *triens* porte au droit *Gunthramnus*, et l'autre *Gunthacharamnus ;* cette différence dans la forme ne peut pas être un obstacle à l'attribution de ces deux *triens* à un même personnage.

évêque sur cette liste est *Guntramnus*, nommé entre *Bertus* et *Ibbo* (Voyez Grégoire de Tours, éd. Arndt, p. 473). C'est probablement le même évêque que le *Gallia Christiana* (t. XIV, col. 21) place entre S. Baldus et S. Eufronius vers 550. Le *Gallia Christiana* (t. XIV, col. 32) mentionne un autre Gontran qui aurait été évêque de Tours de 730 à 742.

L'orthographe des noms propres n'était pas fixée au vi[e] siècle; elle variait d'un scribe à un autre. *Gunthacharamnus* n'est pas très différent de *Gunthchramnus*, qui est une des formes usitées dans les manuscrits de Grégoire de Tours. Dans ces manuscrits, on rencontre pour désigner le roi Gontran, *Guntchramnus*, *Gunthramnus* et *Guntramnus* [1]. Un même manuscrit donne plusieurs orthographes différentes. Et pour ne considérer qu'un passage de Grégoire de Tours, mais qui a un caractère quasi officiel, celui [2] où il rapporte le texte du traité d'Andelot qu'il a dû copier ou faire copier sur l'original, nous voyons qu'ici même les scribes hésitent sur la forme du nom de Gontran. Les manuscrits s'accordent pour donner dans la première partie *Guntchramnus*, ou *Gunthchramnus*, et dans la seconde *Gunthramnus*.

Encore faut-il noter quelques exceptions; ainsi, au début du texte, là ou les autres manuscrits écrivent *Guntchramnus*, le manuscrit du Mont-Cassin (XIe s.) donne *Gunthramnus*.

Plus loin, le manuscrit de Bruxelles (viiie siècle) donne une fois *Guntchranus* [3], et une autre fois *Gundchramnus* [4].

Pour conclure, les deux tiers de sou décrits plus haut portent le nom du roi Gontran qui règna sur la Bourgogne de 561 à 592.

La première de ces deux monnaies permet de loca-

[1] Voyez l'édition de Grégoire de Tours donnée par Arndt dans les *Monumenta Germaniæ*, série in-4°, à l'*index*, p. 896.
[2] L. IX, c. 20, éd. Arndt, p. 374 à 377.
[3] Arndt, p. 375, ligne 37.
[4] Arndt, p. 378, ligne 48.

liser et de dater tout un groupe de tiers de sou pseudo-romains qui ont pour caractères distinctifs : au revers, une Victoire de face d'un dessin particulier, tenant d'une main une croix, de l'autre une couronne réduite à la forme d'une simple boucle ; au droit, un buste dont les cheveux sont plus ou moins hérissés, et dont le diadème a perdu ses lemnisques devenus une boucle isolée dans le champ.

Je ne prétends pas être le premier à assigner une date et une région à ces monnaies pseudo-romaines. Déjà M. d'Amécourt les avait rapportées au vi[e] siècle [1]. Il avait aussi classé quelques-unes de celles qui ne portent que des légendes barbares à l'atelier de Lausanne. Mais grâce à la pièce de *Gunthacharamnus*, le nombre des monnaies pseudo-romaines, dont on peut déterminer la provenance et la date, se trouve singulièrement augmenté. De plus, ce qui n'était qu'hypothèse devient certitude.

Ces tiers de sou peuvent être répartis en trois groupes ; le premier comprenant ceux qui présentent le nom de Justin ; le second, le nom de Justinien ; le troisième, soit le nom dégénéré de Justin ou de Justinien, soit le nom d'un atelier écrit en légende : c'est ce dernier groupe que je considère dans son ensemble comme contemporain de Gontran. Au milieu du vi[e] siècle, nous sommes à l'époque où le monnayage mérovingien cherche à se séparer du monnayage romain et prend un caractère particulier. Ç'a dû être au même temps que certains monnayeurs ont troublé l'ordre des lettres dans les légendes impériales, que d'autres ont inscrit le nom de l'atelier, que d'autres

[1] Voir les *Notes sur les monnaies au type de la boucle perdue.*

encore ont mis le nom du roi barbare. Il y a hésitation. Les monnayeurs renoncent à graver le nom de l'empereur que souvent ils ne connaissent plus, mais ils ne savent encore que mettre à sa place.

Il est évident que la classification que je propose n'est pas rigoureusement exacte. Elle souffre plusieurs exceptions. D'abord, je ne sais trop si toutes les monnaies qui portent *Justinus* appartiennent à Justin Ier; il en est dont le style paraît se rapporter plutôt au temps de Justin II (565-578); car elles rappellent les monnaies de Justinien et de Gontran, et pas du tout celles d'Anastase dont Justin Ier est le successeur. De plus, je ne crois pas qu'on puisse affirmer que toutes les monnaies, où les noms de Justin et de Justinien sont encore très lisibles, aient été nécessairement frappées sous les règnes de ces souverains; quelques-unes peuvent être un peu postérieures, car sans doute la succession des empereurs n'était plus exactement connue des monnayeurs de la Gaule. Enfin quand j'attribue au temps du roi Gontran les monnaies à légendes dégénérées, je n'entends pas parler de celles qui, copies informes de prototypes barbares, sont entièrement dépourvues de caractère artistique.

On peut toutefois penser que généralement le type de la Victoire n'a pas persisté sur les espèces au delà du VIe siècle, puisque nous voyons apparaître au revers d'un *triens* du roi Gontran la croix haussée sur des degrés. La diffusion de ce type fut rapide; il était en effet plus facile de graver une croix qu'une Victoire, et les monnayeurs de la Gaule étaient de fort maladroits artistes.

Ces réserves faites, je donnerai la liste des tiers de sou pseudo-romains présentant les caractères énoncés plus haut : au droit, les cheveux de la tête hérissés, la boucle du diadème isolée et le plus souvent placée en tête de la légende; au revers, une Victoire de face, tenant d'une main une couronne en forme de boucle, de l'autre main une croix, dégénérescence du globe crucigère.

Premier groupe.

1. IVSTIИVS PPPTV. Buste diadémé, de profil à droite.

℟. VICTVRIA AVCOƧTVI. Victoire de face, tenant de la main droite une couronne, de la gauche une croix. A l'exergue, CONO.

Cabinet de France. Poids : 1 gr. 29. — Pl. IX, n° 3.

2. IVSTIИVS PPTV. Buste diadémé de profil, à droite.

℟. VICTVRIA AVCOƧTVI. Victoire de face, tenant de la main droite une couronne, de la gauche une croix. A l'exergue, CONO.

Collection d'Amécourt. Poids : 1 gr. 30.

(P. d'Amécourt, *Monnaies au type de la boucle perdue*, dans *Annuaire de la Soc. de Numismat.*, t. V, p. 40.)

3. [D]N IVSTINVS P. Buste diadémé, de profil à droite.

℟. VqIϽ /////// AVVI////. Victoire de face, tenant de la main droite une croix, de la gauche une couronne.

Cabinet de France. Poids : 1 gr. 30. — Pl. IX, n° 4.

4. ND IVSTINVS C. Buste diadémé, de profil à droite.

℟. VICT[OR] IA AVARIↃ. Victoire de face, tenant de la main droite une couronne, de la gauche une croix. A l'exergue. COИO.

(Fillon. *Études Numismatiques*, pl. 1, n° 9.)

Deuxième groupe.

5. DN IVSTNANVS. Buste diadémé, de profil à droite.

℟. VICTORIA ACVTOR. Victoire de face, tenant de la main droite une couronne, de la gauche une croix. Dans le champ, à droite, une étoile. A l'exergue, INI.

Cabinet de France. Poids : 1 gr. 40. — Pl. IX, n° 5.

6. DN IVSTINANVS. Buste diadémé, de profil à droite.

℟. VICTORIA///// CVTOR. Victoire de face, tenant de la main droite une couronne, de la gauche, une croix ; dans le champ, à droite, une étoile. A l'exergue, INI.

(Ch. Lenormant. *Lettres à M. de Saulcy* dans *Revue Numismat.*, t. XVIII (1853), p. 111. pl. VI, n° 9.)

7. DN IVATINIA NVS PINC. Buste diadémé, de profil à droite.

℟. VICTVIIA AVTVRVMX. Victoire de face, tenant de la main droite une croix, de la gauche une couronne. Dans le champ, à gauche, monogramme qu'on peut interpréter par LVGDVNI. A l'exergue, traces de CON renversé.

Collection d'Amécourt. Poids : 1 gr. 35. — Pl. IX, n° 6.

(P. d'Amécourt, *Excursion numismat. dans la Bourgogne*, n° 14 ; du même, *Monnaies au type de la boucle perdue*, dans *Annuaire de la Soc. de Numismat.*, t. V, p. 39.)

8. **DIN IVSTINIA**. Buste diadémé, de profil à droite.

℟. **VICTVIA AVGNIAI**. Victoire de face tenant de la main droite une croix, de la gauche une couronne. Dans le champ, à gauche, monogramme indiquant peut-être l'atelier de Lyon. A l'exergue, **CON** renversé et faisant suite à la légende.

Collection d'Amécourt. — Pl. IX, n° 7.

9. **DN IVSTINIANS** en légende rétrograde. Buste diadémé, de profil à droite.

℟. **VICTORIA AVCoƧTV**. Victoire de face, tenant de la main droite une croix, de la gauche, une couronne. Dans le champ, à gauche, un monogramme. A l'exergue, **COИO**.

Cabinet de France. Poids : 1 gr. 38. — Pl. IX, n° 8.

10. **DN IVSVTIVИIC**. Buste diadémé, de profil à droite.

℟. **VICTORIA AVCoƧ**. Victoire de face, tenant de la main droite une couronne, de la gauche une croix. A l'exergue : **CONO**.

Cabinet de France. Poids : 1 gr. 30. — Pl. IX, n° 9.

Troisième groupe.

11. **VICTOR IVƧTINICV**. Buste diadémé de profil, à droite.

℟. **VICTORIAVCVƧ**. Victoire de face, tenant de la main droite une couronne, de la gauche une croix. Exergue rognée.

Cabinet de France. Poids : 1 gr. 38. — Pl. IX, n° 10.

12. VICTVRIA AVCƧ. Buste diadémé, de profil à droite.

℟. VICTVRIA ACVƧNI. Victoire de face, tenant de la main droite une couronne, de la gauche une croix. A l'exergue, CON.

Cabinet de France. Poids : 1 gr. 42. — Pl. IX, n° 11.

13. ATVTQS VITINN. Buste diadémé, de profil à droite.

℟. IVIOCTIVITIVINNNV. Victoire de face, tenant de la main droite une croix, de la gauche une couronne. A l'exergue, IIO.

(P. d'Amécourt, *Excursion numismat. dans la Bourgogne*, n° 56; du même, *Monnaies au type de la boucle perdue*, dans *Annuaire de la Soc. de Numismatique*, t. V, p. 40.)

14. NATV //////. Buste diadémé de profil à droite.

℟. NIVTNRVOITN /////. Victoire de face tenant une croix de la main droite, de la gauche une couronne.

Cabinet de Madrid (Moulage communiqué par M. A. Engel). — Pl. IX, n° 12.

15. NVNVI + TNVCN. Buste diadémé, de profil à droite.

℟. VIƆVCIIOIVTI. Victoire de face, tenant de la main droite une croix, de la gauche une couronne. A l'exergue, CON.

Cabinet de Madrid (Moulage communiqué par M. A. Engel). — Pl. IX, n° 13.

16. V //////// + IƧVICIN. Buste diadémé de profil à droite.

℟. VICTVI NOCVƧI. Victoire de face, tenant de la main droite une couronne, de la gauche une croix. A l'exergue, CONO.

Coll. d'Amécourt. Poids 1 gr. 30. — Pl. IX, nº 14.

(P. d'Amécourt, *Excursion numismatique dans la Bourgogne*, nº 57; du même, *Monnaies au type de la boucle perdue* dans *Annuaire de la Soc. de Numismatique*, t. V, p. 40.)

17. ITVIIVITNICIV. Buste diadémé, de profil à droite.

VCCCIIAIDIVIIIIII. Victoire de face, tenant de la main droite une croix, de la gauche une couronne. A l'exergue, ON.

Coll. d'Amécourt. Poids: 1 gr. 33. — Pl. IX, nº 15.

(P. d'Amécourt. *Excursion numismatique dans la Bourgogne*, nº 58; du même, *Monnaies au type de la boucle perdue*, dans *Annuaire de la Soc. de Numismatique*, t. V, p. 40.)

18. NIRTAVCO /////. Buste diadémé, de profil à droite.

℞. IVSTI ///////// VSI. Victoire de face, tenant de la main droite une croix, de la gauche une couronne.

Cabinet de France. Poids: 1 gr. 20. — Pl. IX, nº 16.

19. NIRTAVCOIT ////N////. Buste diadémé, de profil à droite.

℞. VICTVRIA AV ///// TV. Victoire de face tenant de la main droite une couronne, de la gauche une croix. A l'exergue, CON renversé.

(Conbrouse, *Monétaires des rois mérovingiens*, pl. 59, nº 5.)

20. NIRTAVCONITP. Buste diadémé, de profil à droite. Dans le champ, à droite 3.

℞. VICTVRIA AVCC ////. Victoire de face, tenant de la main droite une croix. Dans le champ, à gauche E. A l'exergue, CON renversé.

(P. d'Amécourt, *Monnaies au type de la boucle perdue* dans *Annuaire de la Société de numismatique*, t. V., p. 40.)

21. /// ITAINTAIN ////· Buste diadémé, de profil à gauche.

℟. ITVTV ///////· Victoire de face, tenant de la main droite une croix, de la gauche une couronne. Dans le champ, à gauche, monogramme indiquant peut-être l'atelier de Lyon. A l'exergue, CO ///·

Musée britannique. — Pl. IX, nº 17.

22. · IИTDAIVACIOV· Buste diadémé, de profil à droite.

℟. SNVTƆVИVICTИV /////· Victoire de face tenant de la main droite une couronne, de la gauche une croix. Dans le champ, à droite E C· A l'exergue, ION·

Cabinet de France. Poids : 1 gr. 37. — Pl. IX, nº 18.

23. ИESИOCFИCEV· Buste diadémé, de profil à droite,

℟. DE LANSONNA CIVETATE· Victoire de face, tenant de la main droite une croix, de la gauche une couronne. Dans le champ, à gauche CE· A l'exergue VIII·

(P. d'Amécourt, *Excursion numismat. dans la Bourgogne*, nº 55; du même, *Monnaies au type de la boucle perdue* dans *Annuaire de la Soc. de numismat.*, t. V, p. 39.)

24. ΓVAƎOИИ TIƆV en légende rétrograde (*Lausonna civit*). Buste diadémé de profil à droite[1].

℟. LANSONNA CIVETATE PER· Victoire de face,

[1] La boucle perdue placée en tête de la légende n'est pas visible sur le dessin donné dans la *Revue Numismatique*, mais elle existe sur l'original.

tenant de la main droite une croix, de la gauche une couronne. Dans le champ à gauche, **CE·** A l'exergue, **VIII·**

Musée britannique. — Pl. IX, n° 19.

(Prou, *Notes sur des tiers de sou mérovingiens du Musée Britannique,* dans *Revue numismatique*, 3ᵉ série, t. VI, p. 73, pl. V, n° 10.)

25 ////// **IS CAVELONE·** Buste diadémé de profil à droite.

℞. **EPIƧCOPVƧ EƧTИV·** Victoire de face, tenant de la main droite une croix, de la gauche une couronne.

Cabinet de France. Poids : 1,23. — Pl. IX, n° 20.

(P. d'Amécourt, *Monnaies mérovingiennes de Chalon-sur-Saône*, n° 1.)

26. **TIVIИTAISITИI.** Buste diadémé, de profil à droite.

℞. **EPIƧCOPVƧ EƧTИV·** Victoire de face, tenant de la main droite une croix, de la gauche une couronne.

Coll. d'Amécourt. Poids : 1,30.

(P. d'Amécourt, *Excursion numismatique dans la Bourgogne*, n° 98; du même, *Monnaies mérovingiennes de Chalon-sur-Saône*, n° 31 ; du même, *Monnaies au type de la boucle perdue*, dans *Annuaire de la Société de numismatique*, t. V, p. 38.)

27. **BRIVNNONE P.** Buste diadémé, de profil à droite [1].

℞. **DNVICTOIAAVCVS·** Victoire de face, tenant de la main droite une couronne, de la gauche une croix.

[1] Sur la vignette donnée par M. d'Amécourt, la dernière lettre de la légende du droit est un **P** ; cependant M. d'Amécourt a transcrit **BRIVNNONE F·**

(P. d'Amécourt, *Monnaies au type de la boucle perdue* dans *Annuaire de la Société de numismatique*, t. V, p. 39.)

28. TIVIИVSITИI. Buste diadémé de profil à droite.

℞. MIITVNCIϽVVIAN. Victoire de face, tenant de la main droite une croix, de la gauche, une couronne.

(Cartier, *Lettres sur l'histoire monétaire de France*, dans *Revue de la Numismatique française*, t. I (1836), pl. XI, n° 1.)

29. TIVIMASITHI. Buste diadémé, de profil à droite.

℞. MIITVNCIDVIAN. Victoire de face, tenant de la main droite une croix, de la gauche une couronne.

(Conbrouse, *Monétaires des rois mérovingiens*, pl. 59, n° 4.)

30. NIT //// VИϽ//. Buste diadémé, de profil à droite.

℞. ////////// VIϽTI. Victoire de face, tenant de la main droite une couronne, de la gauche une croix.

Cabinet de France. Poids : 1,38. — Pl. IX, n° 21.

31. NИTVESDIIOV. Buste diadémé, de profil à droite.

℞. ИD //////// VSVICI. Victoire de face, tenant de la main droite une croix, de la gauche une couronne.

Cabinet de France. Poids : 1,29. — Pl. IX, n° 22.

32. ИINAVCONIVTI. Buste diadémé, de profil à droite.

℞. VV /// VTVANƆTIII. Victoire de face, tenant de la main droite une croix, de la gauche une couronne.

(Conbrouse, *Monétaires des rois mérovingiens*, pl. 60, n° 7.)

33. NIVIIIIIVIVV. Buste diadémé de profil à droite.

℞. VIIƆTOVIAVAIƆI. Victoire de face, tenant de la main droite une couronne, de la gauche une croix.

(Conbrouse, *Monétaires des rois mérovingiens*, pl. 60, n° 8.)

MAURICE PROU.

2161. — Typographie G. Nès, rue Cassette, 1.

TIERS DE SOU D'OR MÉROVINGIENS

Phototypie de J. Brunner à Winterthur.

www.ingramcontent.com/pod-product-compliance
Lightning Source LLC
LaVergne TN
LVHW020505230826
846091LV00008BA/3357